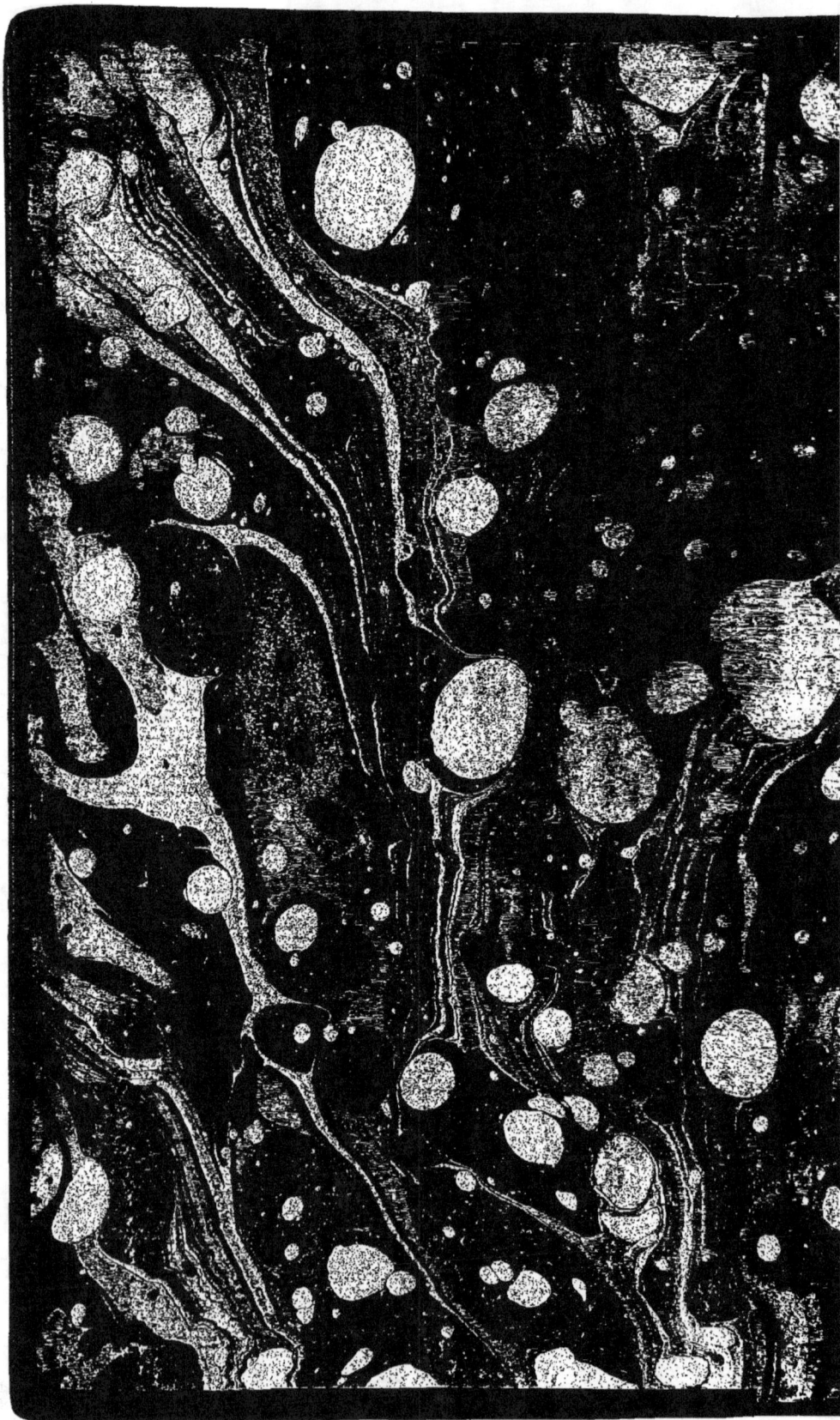

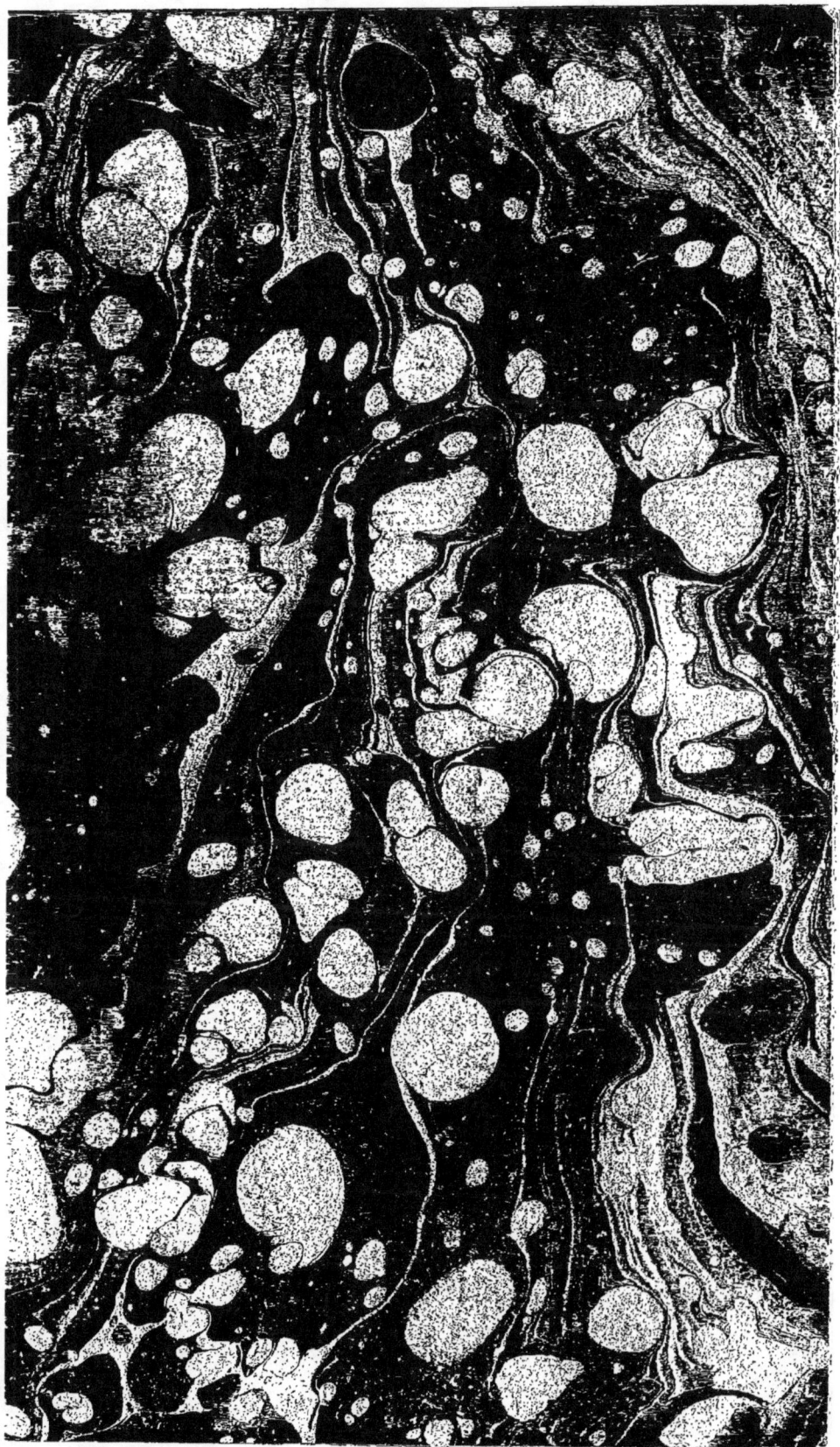

MUSÉE OLYMPIQUE

DE

L'ÉCOLE VIVANTE

DES BEAUX ARTS,

OU

Considérations sur la nécessité de cet établissement, et sur les moyens de le rendre aussi
utile qu'il peut l'être.

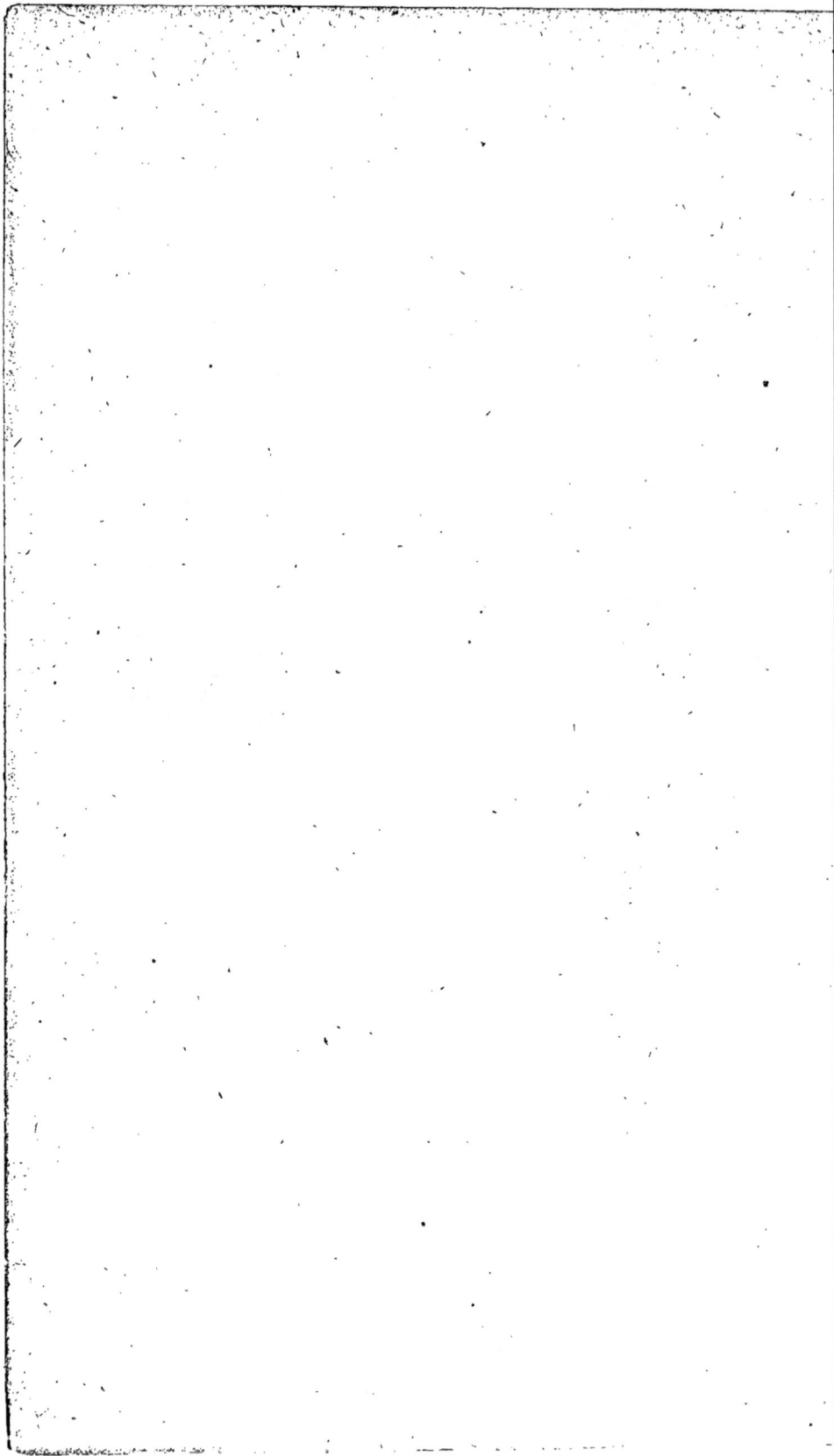

MUSÉE OLYMPIQUE

DE

L'ÉCOLE VIVANTE

DES BEAUX ARTS.

Suut quos... palma nobilis... evehit ad deos.

.HORAT. lib. I, od. I.

Au commencement de l'an 4, le manuscrit du mémoire suivant fut présenté à l'Institut national:

« *PROJET pour l'encouragement des beaux arts et des arts méchaniques.*

« LE génie seul ne fait pas les artistes ; ils ne deviennent habiles qu'en se livrant à une étude constante et à un pénible travail, et ce dévouement absolu exige une récompense proportionnée. Sans la passion de la gloire, qui, comme toutes les autres,

ne s'anime et ne se soutient que par l'espérance; sans l'émulation, qui même n'est
utile que lorsqu'elle est bien dirigée; sans
l'assurance d'être à l'abri des inquiétudes
que donne le besoin, la faculté de sentir et
d'imiter les beautés de la nature, réduite à
la contemplation, comprimée dans celui qui
la possède, ne sert plus qu'à ses jouissances
intérieures, et est stérile pour la société.
De là vient que le génie des arts est, de
toutes les puissances de l'esprit, celle dont
le développement dépend le plus des temps
et des circonstances, et que les législateurs,
par de certaines institutions, sont les maîtres
d'en presser ou d'en retenir l'activité, de
rapprocher ou de reculer des barrières
qu'elle ne peut franchir.

« Ces vérités sont reconnues : j'ai voulu en
faire une application. Au moment où notre
gouvernement s'occupe de donner aux arts
l'activité et le caractère qui conviennent à
un peuple libre, ingénieux, commerçant
et guerrier, j'ai cru qu'il étoit du devoir
de tout homme qui a quelquefois réfléchi
sur les causes de leurs progrès et de leur

décadence, et particulièrement du devoir d'un artiste, d'exposer ses idées à ce sujet.

« L'Institut national nous offre déja, dans une réunion d'hommes habiles, une sorte d'aréopage digne d'être le modèle et le juge des artistes.

« Le Muséum, une des plus riches collections de l'Europe, étale les chefs-d'œuvre des anciens maîtres de toutes les écoles.

« Nous voyons tous les deux ans une exposition solemnelle, où le professeur et l'élève ont un droit égal d'interroger l'opinion du public.

« Ces établissemens sont utiles, mais ils né me paroissent pas suffisans. De quoi s'agit-il en effet? De répandre les lumières, d'entretenir la sévérité du goût, de présenter des modèles purs au jugement du public; mais en même temps d'exciter l'émulation entre les grands artistes, de leur offrir un prix digne de leur ambition, de donner à l'homme qui sert la patrie et qui l'honore, la récompense qu'il est en droit d'exiger.

« Or, l'Institut n'étant composé que de six artistes de chaque genre, et qui sont placés à vie, offre au talent une récompense glorieuse, mais incertaine et tardive. Tous les hommes habiles vont y prétendre ; un bien petit nombre y pourra parvenir.

« Une loi sage exclut du *Muséum* actuel les ouvrages des artistes vivans. Le chef-d'œuvre de l'homme célèbre n'y doit être consacré que par le jugement de la postérité. C'est le *Panthéon des arts*. Cette idée est grande, sans doute ; mais où est encore ici la récompense nécessaire à l'artiste ? Ne la recevra-t-il qu'après sa mort ?

« Le droit d'exposer des ouvrages au Salon a été justement rendu général. Il faut cependant avouer que cette exposition est devenue par là plus utile au génie des jeunes artistes qu'à celui des maîtres de l'art. On y trouve de foibles essais autour d'un petit nombre d'ouvrages remarquables. On y voit une lutte inégale, insuffisante pour exciter l'émulation des grands talens.

« Je propose un établissement qui seroit le complément de ces trois institutions. Je demande un *Musée* où la nation placeroit elle-même le chef-d'œuvre de chaque ar-

tiste vivant, jugé digne d'être compté au
nombre des maîtres; un Musée consacré à
la réputation et à la gloire de ces artistes,
dans lequel leurs ouvrages, constamment
exposés aux regards de la critique, rappel-
leroient aussi tous les jours à leurs con-
temporains leurs noms et leurs talens ; un
Musée qui fît connoître à tous nos conci-
toyens, aux étrangers, au monde entier,
quelles sont dans les arts nos immenses
richesses.

« Je ne parle pas d'une agrégation d'hommes, mais d'une collection de tableaux,
de statues, de modèles d'architecture, et
d'autres productions des arts. Je veux que
l'entrée de ce Muséum ne soit accordée
qu'à un seul, et au plus parfait, s'il est
possible, des ouvrages de nos plus habiles
artistes vivans; qu'un jugement sévère en
écarte la médiocrité ; que celui-là seul y
soit admis dont l'habileté honore la république; que l'honneur d'y voir placer leur
meilleur ouvrage devienne l'objet de l'ambition des hommes les plus distingués;
qu'enfin, après la mort de l'artiste, l'ou-

vrage en soit enlevé, et qu'alors un nou-
veau jugement décide s'il doit être laissé
dans la foule des morts, ou consacré dans
le *Panthéon des arts*.

« Chaque année, ou tous les deux ans,
tous les aspirans exposeroient leurs ouvrages au salon. Là, le premier jury, celui
de l'opinion publique, proclameroit ceux
qui auroient paru le plus dignes du concours. Aussitôt après le salon, c'est-à-dire,
une fois chaque année, si le salon avoit
lieu tous les ans, ou de deux en deux ans,
si le salon étoit bis-annuel, les membres de
l'Institut national se réuniroient en différentes sections, suivant les différens arts ; et
pour multiplier les juges, comme aussi pour
éviter jusqu'au soupçon de l'esprit de corps,
ils s'adjoindroient un nombre égal d'artistes
choisis parmi les plus renommés : c'est à
ce tribunal que l'aspirant présenteroit son
ouvrage. Deux séances, tenues publique-
ment, à quinze jours d'intervalle l'une de
l'autre, seroient employées à l'examen : dans
l'intervalle, les ouvrages resteroient exposés à la critique du public ; et dans la se-

conde séance, chaque juge prononceroit
définitivement, en donnant ses motifs pour
l'admission ou pour le rejet *.

« Si l'admission étoit prononcée, la nation
paieroit l'ouvrage ; elle feroit écrire le nom
de l'auteur sur le cadre ou sur la base :
on y joindroit l'énonciation sommaire des
principales beautés qui auroient déterminé
l'admission. Cette inscription assureroit la
sévérité des jugemens ; elle fixeroit et répandroit les principes. Chaque morceau
deviendroit par ce moyen, et pour le présent et pour l'avenir, un sujet d'instruction.
Nous transmettrions à nos successeurs,
avec la connoissance des règles que nous
aurions suivies, celle de la pureté ou des
vices de notre goût.

« L'introduction de l'ouvrage au Musée

---

* Je voudrois que le jury tînt ses deux séances
dans le local même du *salon*. C'est l'arène où le
public a coutume de voir les athlètes, et de les
juger. Cette salle donneroit, quant à présent,
plus de solemnité aux jugemens. Les ouvrages pré-
sentés au jury y demeureroient seuls dans l'intervalle des deux séances.

donneroit à l'artiste le droit d'être logé au Louvre. Cette seconde récompense est de la même nature que la première, et tend au même but.

« Si le même artiste faisoit dans la suite un ouvrage qu'il crût meilleur que le précédent, il pourroit le présenter au même jury. Si cet ouvrage étoit trouvé véritablement préférable, il seroit mis à la place du premier. L'honneur de chaque artiste, son intérêt même , exigeroient que l'ouvrage exposé tous les jours à la vue du public fût son chef-d'œuvre; et la propriété nationale deviendroit par là d'un plus grand prix.

« La nation placeroit dans cet honorable Musée toutes les productions utiles et remarquables des beaux arts. Point d'entraves au génie sur la grandeur des tableaux ou des statues; point de motifs d'exclusion que la médiocrité. Tous les genres de peinture et de gravure y seroient admis. L'homme qui perfectionne la forme de nos vases et celle de nos meubles, et celui qui décore l'architecture de nos édifices, y verroient

honorer leurs ouvrages, comme le statuaire
et le peintre d'histoire *.

---

* L'établissement de ce Musée conduiroit à
une autre institution du même genre ; institution plus vaste, plus neuve, aussi importante par
son objet. Ce seroit une collection des chefs-
d'œuvre des habiles ouvriers vivans dans tous
les arts. Là le charpentier déposeroit le modèle d'une machine dont l'invention ou l'exécution pourroient l'honorer ; le serrurier montreroit
comment il assouplit un métal revêche ; le me-
nuisier, le fondeur, feroient voir jusqu'à quel degré de perfection ils savent réunir dans leurs ouvrages, et la plus grande utilité, et le charme des
formes les plus agréables.

Un établissement de cette nature honoreroit
autant la France qu'il lui seroit utile. Égale fa-
cilité donnée à tous les artistes de se faire connoître, et au public de les juger ; publicité des
inventions ingénieuses ; émulation, perfection de
l'art et du goût. Combien l'ouvrier seroit justement enorgueilli par l'espoir d'une aussi belle
récompense ! combien il prendroit de dignité à
ses propres yeux, en recevant ainsi le juste tribut
de la considération publique ! Ennoblissons tous
les états, pour ennoblir le caractère de tous ceux
qui les exercent.

« Pour rendre cet établissement plus utile
encore, je voudrois qu'on y reçût les ouvrages des artistes étrangers, soit que les
auteurs les présentassent au jugement de
l'Institut ; soit que, sur leur renommée, le
gouvernement se décidât, de lui-même, à
les acquérir : il est digne des artistes françois
d'ambitionner cette lutte ; le progrès de
l'art en seroit le résultat. Répétons ici seulement que la règle la plus importante à
suivre seroit la sévérité des jugemens. C'est
par le relâchement que les écoles d'Italie
ont perdu leur lustre. Si des ouvrages médiocres se glissoient dans ce Musée, sa réputation seroit anéantie, l'émulation arrê-
tée, le goût perverti, l'institution inutile,
ou plutôt dangereuse. C'est le combat des
héros ; que Thersite, et Pâris même, s'en
écartent.

« L'utilité, la nécessité de cet établissement semblent n'avoir pas besoin d'être
démontrées.

« J'y vois une importante collection dont
la nation acquerroit successivement, et à
très-peu de frais, la propriété ; collection

qui deviendroit dans la suite, et sans con-
tredit, la plus belle de l'Europe ; collection
d'autant plus précieuse, qu'elle enrichiroit
l'histoire de l'art, et montreroit avec exac-
titude les progrès de chaque période.

« Combien de lumières répandroit cette
exposition permanente! combien d'instruction seroit le fruit du rapprochement et
de la comparaison de tant d'excellens ouvrages! quelle confiance, quelle activité on
donneroit au génie, en lui disant : « Le
« mérite ne sera plus oublié, la réputation
« ne sera plus usurpée ; regarde, le temple
« de la gloire est là, il dépend de toi d'y
« pénétrer! »

« L'admiration qu'inspire un grand monument, dégénère quelquefois en idolâtrie ;
et quand le monument est défectueux, le
vice se répand, et le goût, perverti par l'influence d'une réputation imposante, prend
les défauts mêmes pour des beautés. Un
maître célèbre, une école renommée, produisent le même effet. La manière du
maître est regardée comme l'imitation de
la nature ; la routine fait tout, le génie de-

vient copiste, et la vérité ne se trouve plus
nulle part. Si nous mettons au contraire au
grand jour, les uns à côté des autres, les
chefs-d'œuvre de tous nos premiers artistes, ces hommes n'étant liés d'ailleurs
par aucune corporation, nous verrons des
ouvrages de caractères opposés s'éclairer
et se combattre réciproquement : l'artiste
sera forcé de se comparer à son rival; il
faudra, dans leur contradiction, qu'ils se
comparent tous deux à la nature, et elle
deviendra par là leur seul modèle, et la
seule règle des jugemens du public.

« Qu'on se représente ces concours de
peinture que les Grecs avoient établis à
Samos, à Delphes, à Corinthe, où les
hommes les plus habiles et les plus sages
de la nation prononçoient sur les ouvrages
des plus grands maîtres, de Panæus, de
Timagoras, de Zeuxis, de Parrhasius, de
Timanthe, en présence de tout le peuple
assemblé. Quelle moisson d'instruction !
quelle éclatante palme à conquérir! quel
sujet d'enthousiasme, non seulement pour
les concurrens, mais pour le peuple lui-

même! C'est avec de tels moyens que les Grecs arrivèrent, par une marche égale et soutenue, au plus haut degré de perfection, et qu'ils furent exempts de ces préjugés de corps, de ces systêmes d'école qui ont si malheureusement retardé nos progrès *.

« Nous est-il permis de réclamer pour le

---

* Timagoras remporta le prix, aux jeux pythiens, sur Panæus, frère de Phidias; Zeuxis, qui avoit écrit sur un de ses tableaux qu'on envieroit son art et qu'on n'y atteindroit jamais, fut vaincu par Parrhasius; et Parrhasius, qui se faisoit appeler le *prince des peintres*, et qui, pour marquer sa supériorité, portoit un manteau de pourpre, un bâton incrusté d'une spirale d'or, et une couronne d'or sur la tête, fut vaincu à Samos par Timanthe. (Plin. *Hist. nat.* liv. 35, chap. 9 et 10. Athénée, liv. 12, chap. 11. Elien. *Var. Hist.* liv. 9, chap. 11. Winkelmann, liv. 4, chap. 1, n. 3.)

Il n'y avoit point de concours de peinture aux jeux olympiques; mais les grands peintres y exposoient leurs tableaux, comme les poètes et les historiens y récitoient leurs ouvrages. — Lucien, *Herod.*

bonheur particulier des artistes? Il est aussi nécessaire au perfectionnement des arts, que le succès des arts est nécessaire à la prospérité publique. Quand la nation multiplie les écoles de peinture et de sculpture, elle contracte envers la foule d'élèves qui se consacrent à ces arts et à ceux qui en dépendent, l'obligation de leur donner, autant qu'il est en elle, et le moyen de subsister, et celui de fixer sur leurs noms cet éclat qui est pour eux un besoin plus pressant encore. Or, le gouvernement ne peut pas alimenter lui-même tous les artistes qui sont dignes d'obtenir de l'emploi ; il faut donc au moins qu'en leur donnant le moyen de faire connoître leur mérite, il les mette à portée d'attirer vers leurs atteliers, sans intrigues, sans bassesse, sans perte de temps, et l'amateur, et l'étranger, et le manufacturier, et les agens mêmes du gouvernement q i ont des travaux à leur demander. Trop souvent l'oubli du gouvernement a forcé des artistes à se chercher des Mécène , aux dépens de leurs études et de la fierté qui doit soutenir leur caractère.

« On ne peut pas répondre que l'exposition du *salon* remplace celle que je demande. Cette exposition, indépendamment
de la différence de son objet, ne peut avoir
lieu qu'à des époques éloignées, et ne dure
que peu de temps. Combien de fois n'ar-
rive-t-il pas qu'une maladie, une affaire
imprévue, ou l'exercice d'une fonction
publique, empêchent un artiste d'achever
son ouvrage à l'époque fixée, et par conséquent de participer à l'exposition! Qui
ne sait combien la cherté des modèles, la
difficulté de s'en procurer, eh! disons tout,
la nécessité même où trop souvent un artiste est réduit de travailler pour sa subsis-
tance, peuvent retarder l'exécution d'un
bon ouvrage? Deux ans d'ailleurs suffisent-
ils toujours pour terminer une statue? Le
Laocoon est le fruit de plusieurs années de
travaux de trois hommes des plus étonnans
de l'antiquité.

« Prenons-y garde : sous l'ancien régime,
les arts, malgré la servitude où ils étoient
retenus, malgré les humiliations dont gé-
missoient les artistes, trouvoient des en-

couragemens qu'il est nécessaire de remplacer. Nos temples étoient pleins d'ouvrages médiocres, que l'enthousiasme religieux divinisoit ; mais on y exposoit aussi
des chefs-d'œuvre *capables d'excuser cette*
sorte d'idolâtrie. Les portes des grands
étoient souvent d'airain pour les hommes
modestes ; cependant la vanité plaçoit leurs
ouvrages dans des cabinets renommés. Le
titre d'académicien étoit un objet d'émulation, une récompense, un moyen d'obtenir des travaux. La collection même de
l'académie servoit, sinon à épurer rigou-
reusement le goût, du moins à répandre
l'amour des arts. Hâtons-nous, en détrui-
sant les vices des anciennes institutions,
de nous approprier et de perfectionner ce
qu'elles contenoient d'utile. Ne faut-il pas
apprendre aujourd'hui à cette foule d'hommes, nouvellement enrichis mais non pas
instruits par la fortune, les seuls cependant
qui puissent verser des secours dans des
atteliers déserts, et les principes des arts,
dont ils n'ont pas la moindre teinture, et
les noms de nos artistes, que la plupart
n'ont jamais connus ?

« Si on considère le bien moral que les
arts peuvent produire, quel est leur but
chez une nation libre? D'agrandir l'imagination, d'élever le caractère du peuple,
d'échauffer cet enthousiasme pour le beau,
qui enfante les grandes pensées et les
grandes actions, de servir enfin au perfectionnement de l'esprit humain. Sous ce
rapport, la multiplicité des ouvrages est
aussi nécessaire que leur perfection même,
et que le choix, trop souvent négligé, des
sujets. Si donc nous ne pouvons pas multiplier un tableau unique, consacrons-le du
moins dans un édifice public ; et que là
l'aspect imposant d'un grand nombre de
chefs-d'œuvre réunis, électrisant le spec-
tateur, porte dans son ame, avec l'admiration du génie de tant d'artistes, celle des
actes de vertu qu'ils auront représentés.

« Songeons aussi aux manufactures, dont
la perfection dépend de celle des beaux
arts. Cette source de richesses est grande
et importante : c'est la nation la plus in-
dustrieuse qui met les autres à contribu-
tion. Dans tout ce qui tient aux arts, si

nous n'avons pas la prééminence du goût,
nous n'aurons pas celle du commerce. Si
les dessins de nos étoffes et de nos papiers,
si nos meubles, nos vases, nos bijoux,
n'offrent pas des formes élégantes et pures,
d'autres nations vont bientôt nous surpas-
ser, et ce commerce va se détruire. Mul-
tiplions donc les rapports qui doivent exis-
ter entre l'artiste et le manufacturier; mettons celui-ci à portée de connoître les artistes du premier ordre, et de trouver au
moins chez eux des modèles pour diriger
ceux qu'il peut employer; ôtons toute ex-
cuse à la paresse et à la présomption; allons
au devant du manufacturier; forçons-le,
pour ainsi dire, à préférer les meilleurs modèles. Trop souvent la mode est l'ennemi
du goût; dirigeons, s'il se peut, cette sorte
de divinité versatile; et si nous ne pouvons
pas la captiver, faisons du moins que,
dans ses perpétuelles métamorphoses, elle
n'aille jamais que du bien au bien.

_« L'établissement du Musée que je pro-
pose, est un moyen certain et facile d'encourager les arts; de les porter, par l'ému-

lation et par la destruction de tous les systêmes, à la plus haute perfection ; d'illus-
trer la république, en montrant aux yeux
de l'Europe le génie de ses artistes ; d'élever le caractère du peuple ; d'augmenter
le commerce, qui tient aux arts ; d'enrichir
la nation par la propriété d'une grande et
précieuse collection qui n'a point encore
de modèle.

« Cet établissement enfin est le complément des principales institutions nécessaires
pour l'instruction publique. Si on le joint
à celles que nous avons déja, tous les de-
grés se trouvent remplis : *des écoles ;* le
salon, où tous les artistes exposent leurs
ouvrages ; le *Musée de l'école vivante,*
qui seroit la distinction, la récompense accordée au mérite ; l'*Institut,* composé des
juges ; et le *Panthéon des arts,* suprême
espérance du grand homme.

« J'en dis trop peut-être : n'oublions pas
que je parle à des hommes qui ont juré
de tout faire pour la gloire et pour la prospérité de la république. »

LA classe de littérature et beaux arts de l'Institut national entendit la lecture de ce mémoire au mois de pluviose de l'an 4. Les membres de cette classe m'ayant invité, par une lettre flatteuse, à l'adresser au ministre de l'intérieur, je m'acquittai de ce devoir avec empressement. Il est possible que des idées utiles n'aient pas été semées sans succès, puisqu'en établissant le *Musée spécial de l'École françoise* à Versailles, le ministre a voulu qu'on y réunît, *dans des salles particulières, les ouvrages des peintres vivans.* Graces lui en soient rendues! il a posé la première pierre d'un établissement capable d'assurer la gloire des arts. Mais qu'il me soit permis de dire que ce premier bienfait en sollicite un autre, sans lequel on n'en retireroit aucun fruit.

La nation possède des ouvrages précieux de plusieurs artistes vivans : il étoit juste de retirer le voile qui les a cachés si long-temps ; il est utile sans doute de ne pas les confondre avec ceux des hommes illustres qui les ont précédés, pour laisser à

la critique sa liberté toute entière, et ne pas
commander l'admiration que leur mérite
saura obtenir ; mais il faut aller au-delà. On
ne doit pas songer seulement à quelques
artistes ; il est évident qu'il faut s'occuper
de tous. Eût-on réuni des ouvrages de
tous ceux qui méritent de la considération,
ce ne seroit pas assez. Il ne s'agit pas de
faire une simple collection de statues et
de tableaux ; il faut des institutions qui
vivifient, pour ainsi dire, cette collection,
qui la rendent capable de produire le bien
qu'on en attend, qui parlent à l'élève autant qu'au maître, qui fécondent l'avenir
comme le présent. Il faut que l'impatience
de pénétrer dans ce Musée, et la peur d'y
voir ternir sa gloire, tourmentent sans cesse
l'émulation ; que les moyens d'obtenir cette
récompense soient déterminés, certains, et
nobles comme elle. Le génie enfin réclame
son indépendance naturelle, il faut la lui
garantir ; le goût du public a besoin de
lumières et de liberté, il faut par cet établissement lui assurer l'un et l'autre.

Je ne prétends pas instruire, je ne fais

que manifester un de mes vœux : mais il
me paroît que si la route de ce Musée
n'est pas ouverte de droit à tous les artistes indistinctement; si chaque année,
après l'exposition du *salon,* et dans le *salon* même, un jury, en face du public, ne
prononce pas quels seront les ouvrages
dignes d'y être placés, et de devenir une
propriété nationale; si le concours, le jugement et le couronnement des vainqueurs
ne se font pas avec une solemnité qui nous
retrace, s'il se peut, celle des jeux olympiques; si on ne grave pas à côté de l'ouvrage les motifs du jugement, le nom de
l'artiste, et même, à l'exemple des Grecs,
celui du pays où il est né, pour propager
par-tout l'émulation, en semant l'amour de
la gloire; si le droit de loger au Louvre,
devenu semblable à celui qu'on décernoit
aux artistes grecs d'habiter dans les Pryta-
nées *, n'est pas une suite de ces premiers

* A Athènes, l'artiste le plus habile dans tous
les arts étoit nourri au Prytanée aux dépens du
public, et occupoit aux théâtres une place dis-
tinguée. (Aristoph. *Gren.* act. 3, sc. 1. Sam. *Petit,*

honneurs; si on ne détermine pas les artistes, par un grand intérêt, et notamment

---

Lois Attiq. liv. 5, tit. 6.) Il prenoit ses repas dans
cette maison nationale, une couronne d'olivier
sur la tête, à côté des grands capitaines, des philosophes, et des premiers magistrats de la république. Cette honorable distinction lui imposoit
la nécessité de veiller à la décence de ses mœurs,
et de se maintenir le premier dans son art ; car
si un autre artiste venoit à être jugé plus habile,
la loi vouloit qu'il lui cédât sa place (Aristoph.
ibid. Sam. Petit, *ibid.*); et s'il se dégradoit par sa
conduite, l'opinion publique offensée ne man-
quoit pas de l'en punir. (Aristoph. *Chev.* act. 2,
act. 4, act. 5.) On connoît les sarcasmes d'Aristophane contre le joueur de flûte *Connas,* qui
flétrissoit sa couronne dans la fumée des cabarets.
(Aristoph. *Chev.* act. 1, chœur.) L'admission d'un
homme célèbre au Prytanée étoit précédée d'un
jugement rendu, par des hommes choisis, en présence du peuple, et ordonnée par un décret.
(Aristophane, *Gren.* act. 3, scen. 1. Sam. Petit,
Lois Attiq. liv. 3, tit. 6.) On a cru que cet hon-
neur étoit commun aux artistes des arts méchaniques, qu'ils s'assembloient chaque année, le
jour de la fête de l'airain appelée *Chalkeia,* et
qu'ils jugeoient ensemble, sur l'exposition des

par une solemnité pareille à la première,
à remplacer un ouvrage moins parfait par
un autre qui le surpasse; si cet établissement enfin, qui influera tant sur le goût
du public, est laissé à l'arbitraire des mi-
nistres, quelqu'éclairés et bien intentionnés
qu'ils soient, et n'est pas fixé, au contraire,
par un réglement immuable, on n'aura pas
atteint le but qu'on s'est proposé; on aura
une collection semblable à celle d'un particulier, plus riche sans doute, mais pas
plus utile, et peut-être même dangereuse *.

ouvrages, lequel d'entre eux étoit le plus habile.
(Sam. Petit, *Lois Attiq.* liv. 5, tit. 6. *Comment.*)
Mais les Grecs mettoient quelquefois dans leurs
récompenses une exagération par laquelle ils
élevoient les hommes au dessus d'eux-mêmes. Po-
lygnote ayant peint à Delphes la prise de Troie,
les amphictyons lui firent des remerciemens so-
lemnels, et décrétèrent qu'il auroit des logemens
aux dépens du public dans toutes les villes de
la Grèce. (Plin. *Hist. nat.* liv. 35, ch. 9.)

* Ce Musée, à cause de son objet, et des institutions qui devroient y être jointes, pourroit être
appelé *Technagone.* On sait que le nom d'*agone*

Pour appeler l'attention sur cet objet,
autant qu'il est en moi, je livre ce mémoire
à l'impression, et j'y ajoute quelques réflexions nouvelles. Puissent les philosophes
accoutumés à méditer et à écrire sur ces
matières réformer mes idées, ou en pro-
poser de différentes, qui produisent de plus
grands biens! Je ne fais des vœux et n'ose
élever un instant la voix que pour le succès
des arts et pour la gloire de ma patrie.

La principale objection qu'on ait faite
contre ce projet, considéré avec toutes les
institutions qui en dépendent, est celle de
la dépense.

étoit employé chez les Grecs pour désigner les
combats qui se faisoient dans les jeux publics. Ce
nom indiquoit également le lieu du concours,
la foule des spectateurs, la réunion d'artistes ou
d'athlètes qui luttoient les uns contre les autres,
et même *les efforts de leur émulation*. De là le
nom d'*antagoniste* et plusieurs autres. Il y avoit
les *agones sacrés*, les *agones funéraires* ; et à
Athènes, entre autres, ceux de poésie et de mu-
sique, qui se faisoient dans l'Odéon. (Plutarque,
Vie de Périclès, etc.)

On sent assez la nécessité d'employer quelque portion des fonds publics à l'encouragement des beaux arts : on l'a fait même dans les temps les plus malheureux du régime révolutionnaire. Nous ne voulons pas imiter le dissipateur qui consomme sa ruine en devenant avare. Il s'agit, dans les circonstances actuelles, de dépenser peu, et, dans tous les temps, de ne faire que des dépenses véritablement utiles. En quoi donc consisteroit la dépense? La nation acheteroit tous les ans les ouvrages qui, après un examen solemnel, seroient jugés capables d'honorer le nom françois. Mais, premièrement, le prix des objets pourroit être modique. Il ne s'agiroit que d'indemniser l'artiste ; l'évaluation ne se feroit pas en raison du mérite de l'ouvrage, mais du temps et des frais qu'il auroit coûté. L'admiration publique récompenseroit le génie, le trésor national n'acquitteroit que le travail.

En second lieu, le nombre des ouvrages à acquérir chaque année seroit-il donc bien grand? Heureuse dépense, si elle pouvoit s'augmenter par la multiplication des chefs-d'œuvre! Mais l'économie elle-même doit concourir ici au succès de l'établissement. Que les juges soient sévères, et par ce seul moyen la dépense sera moindre, l'honneur du triomphe sera plus grand, l'instruction sera plus utile, la propriété publique deviendra d'un plus grand prix. Peut-être même peut-on dire que la dépense n'augmenteroit pas en raison des progrès de l'art. Plus on sera voisin de la perfection, plus le goût deviendra pur et difficile. On trouvera moins d'ouvrages dignes d'être admis dans ce Musée, quand on les comparera à des ouvrages plus excellens. Moins d'artistes alors se hâteront de se faire juger; car le même orgueil qui fait ambitionner un prix, empêche quelquefois de se présenter au concours. Placez ce Musée des artistes vivans à côté de celui des anciens maîtres; que le public, s'il se peut, traversant le premier pour arriver dans l'autre, les réunisse sous un même coup-d'œil, et vous verrez infailliblement les juges plus sévères, les aspirans plus circonspects, et par conséquent moins nombreux.

Il ne faut pas perdre de vue que la dépense de cet établissement ne seroit employée qu'à des acquisitions. Les ouvrages
étant payés au dessous du prix qu'ils pourroient avoir dans le commerce, la propriété
nationale auroit toujours une valeur supé-
rieure à ce qu'elle auroit coûté. Chaque
artiste pouvant, dans tous les temps, remplacer l'ouvrage accueilli dans ce Musée
par un autre qu'on jugeroit préférable ; son
intérêt, sa réputation, exigeant que son
chef-d'œuvre fût toujours là sous les yeux
du public ; tous les émules se trouvant sans
cesse exposés à une comparaison dangereuse, le génie ne s'endormiroit jamais, et
cette lutte tourneroit doublement au profit
de la chose publique, puisque, indépendamment de ses avantages inestimables
pour le perfectionnement de l'art, tous les
échanges augmenteroient sans nouveaux
frais la valeur de la collection.

Songe-t-on enfin à l'application directe
de la somme annuellement employée à acquérir un petit nombre de bons ouvrages,
on trouve que c'est un encouragement

donné aux artistes, et on est assuré qu'il
n'est donné qu'au véritable mérite : porte-
t-on les yeux au-delà, on voit une légère
dépense qui produit d'immenses profits.

L'utilité des établissemens dont le but
est d'encourager les arts ne se mesure pas
sur les sommes qu'on y sacrifie. Je puis
prouver que celui-ci seroit peu dispen-
dieux, sans faire soupçonner qu'il fût moins
utile. Les honneurs religieux que les Grecs
rendoient à la beauté, les prix qu'ils lui
décernoient dans les jeux publics, les concours de peinture qu'ils ouvroient en présence du peuple, leur coûtoient peu, et les
effets en étoient inappréciables. Dans cela,
comme dans la perfection des ouvrages
que les arts produisent, le mérite ne tient
pas à la profusion des trésors. Le Panthéon
de Rome a moins coûté que la basilique
de Saint-Pierre, et il offre aux artistes un
modèle plus parfait. Les plus petits monumens de ces Grecs inimitables parlent à
l'ame par l'élévation de la pensée, et par
le sentiment répandu sur les moindres dé-
tails. Un temple de briques, un autel, un

vase de terre, d'un style simple, d'un profil
tranquille, pur, et, j'ose dire, divin, nous
humilient souvent en nous faisant sentir la
sublimité de nos maîtres.

Ce n'étoit pas l'or des Grecs qui opéroit
chez ce peuple passionné tant de miracles
qui nous étonnent. C'est par des institutions dont le récit nous fait tressaillir nous-
mêmes des mouvemens dont elle le trans-
portoit, qu'il fut conduit tout à la fois à la
perfection des arts, à l'excellence de tous
les talens, à l'exercice des plus hautes vertus, à cet héroïsme que nous avons encore
tant de peine à concevoir. La nature l'avoit
doué d'organes déliés et vigoureux : mais
ses législateurs eurent l'art suprême d'é-
branler sa sensibilité avec énergie et d'en
maîtriser les effets, de diriger les esprits
en séduisant les cœurs, de produire l'instruction par le plaisir, d'épurer le goût en
le rapprochant de la nature, et de rendre
les principes des arts immuables chez un
peuple léger et enthousiaste, par sa liberté
même, et par la force de son amour pour
eux. Ces instituteurs habiles, plutôt des

dieux que des hommes, ainsi que le disoient leurs oracles, mais par cela seul qu'ils con-noissoient les passions des hommes, et les faisoient servir au succès de leur ouvrage avec la sagesse des dieux, d'une part, nour-rissoient l'amitié, dont ils faisoient la plus aimable vertu des héros, la pitié, la géné-rosité, l'amour, et sur-tout la reconnois-sance; de l'autre, savoient orner de fleurs et frapper d'une éclatante lumière le but où ils vouloient conduire les esprits, par-loient aux sens, à l'imagination, aux foi-blesses mêmes, plus encore qu'à la raison, s'emparoient des passions, animoient les plus généreuses, les gouvernoient par l'at-trait toujours présent des jouissances, en élevoient le caractère par la grandeur de l'objet vers lequel ils en portoient les efforts.

A Athènes on avoit élevé un autel à la Pitié, un autre à la Renommée. Chaque vertu avoit un temple, chaque bienfaiteur une statue; chaque dieu étoit honoré sous le nom de chacune des qualités bienfai-santes qu'on lui supposoit. D'innombrables

monumens, érigés par une pieuse reconnnoissance, rappeloient aux vivans les vertus des morts. Les services les moins importans recevoient des récompenses qu'on
cherchoit à rendre immortelles. On avoit
excité l'émulation dans tous les rangs, et
pour tous les genres de mérite. L'histoire et la poésie racontoient des défis, et
célébroient des triomphes. On disoit que
les dieux eux-mêmes avoient concouru les
uns contre les autres, et que des hommes
les avoient jugés. Toutes les fêtes publiques
étoient réglées sur ce systême ; tous les
théâtres offroient des combats où les succès
du génie devenoient une réjouissance générale. Est-il surprenant que des hommes à
qui on donnoit ainsi l'habitude et le besoin
des émotions les plus vives et les plus
agréables, eussent tant d'élévation et de
naïveté dans les idées, tant de délicatesse dans l'appréciation de toutes les
convenances, brûlassent d'un amour égal
pour la gloire et pour tout ce qui leur présentoit les traits de la beauté ?

C'est par les mêmes moyens que les lé

gislateurs de la Grèce firent de tous ses ha-
bitans des artistes ou des amans des arts,
des poètes ou des admirateurs enthousiastes
du génie, des philosophes ou des citoyens
dévoués au bien général. C'est par l'effet
des mêmes causes que les ouvrages de ses
poètes, de ses orateurs, de ses historiens,
se peignent, s'impriment dans le cœur de
ceux qui les contemplent, et que la pierre,
animée par ses statuaires, nous fait voir,
sous les formes les plus belles et les plus
vraies, toutes les affections de l'ame : un
père résistant à ses atroces douleurs et se
plaignant aux dieux de celles de ses fils ; la
tendresse maternelle épouvantée, la dé-
daigneuse satisfaction de l'orgueil vengé,
l'ingénuité de la jeunesse, les regrets plain-
tifs de l'amour, le calme de la divinité. O
Athéniens! ô Grecs! vous fûtes le plus humain, et, malgré votre inconstance naturelle, le plus reconnoissant, le plus ma-
gnifique dans vos récompenses, le plus
excellent et le plus heureux des peuples de
la terre : vous deviez être le plus sublime
dans les arts.

Après avoir admiré les Grecs dans leur
prospérité, si on les considère dans leurs
revers, leur auguste et vigoureuse vieil-
lesse ne montre-t-elle pas encore l'effet de
leurs institutions? On voit le génie des arts,
au milieu du sang et des débris, à la lueur
des flammes qui consument les villes et les
ouvrages qu'elles renfermoient, lutter pendant quatre siècles contre la tyrannie, qui
lui laisse à peine quelques instans de repos.
Les artistes qui naissent et se succèdent
toujours sur cette terre féconde, réduits à
s'expatrier, vont peupler le monde de chefs-
d'œuvre. Rome s'enrichit de leurs travaux
comme des dépouilles de leur patrie. L'une
a beau être insatiable, l'autre ne s'épuise
jamais. Les arts s'affoiblissent et s'éteignent
avec la même lenteur que l'esprit public.
Le feu expirant se ranime plusieurs fois
au souffle de la liberté; et enfin, comme
pour détruire Sparte il faut *lui ôter ses
lois* *, pour détruire totalement les arts, il
faut extirper tous les restes des institutions

---

* Montesquieu, *Esprit des Lois,* livre 4,
chap. 6.

qui les nourrissoient. La Grèce produit des
artistes tant qu'elle a des lois, et qu'elle
n'a pas perdu le sentiment de son existence.

Si ces idées sont justes, pour savoir si
nous pouvons nous élever dans les arts à
la perfection des Grecs, il faudroit peut-
être demander si nous avons des institutions capables de produire les mêmes
effets relativement à la morale : donnez-
nous du moins cette ardente émulation
qu'inspirent de nobles récompenses. Les
moyens d'y réussir sont si faciles, si près
de nous ! N'êtes-vous pas les dispensateurs
des honneurs, des distinctions, des cou-
ronnes, de tous ces biens réels ou ima-
ginaires vers lesquels s'élance le génie ?
Ouvrez aux artistes une carrière où, toujours libres, toujours sous les yeux du public, et rivaux ambitieux entre eux, ils
aient l'assurance d'être toujours remarqués,
appréciés, récompensés, environnés de
cette gloire qui est leur plus délicieux ali-
ment. Renouvelez pour nous les combats
pythiens et olympiques; ne décernez aux
vainqueurs qu'une couronne d'olivier,

qu'une inscription, qu'une modeste statue; mais que la renommée aille répéter leurs noms glorieux jusqu'aux extrémités de la Grèce et du monde.

Il est des dépenses pernicieuses. Combien donc sont utiles celles qui tendent à les faire éviter! Magistrats éclairés, sur ce dernier point, que je vous prie de considérer, c'est votre propre opinion que j'invoque.

De toutes les causes qui corrompent le goût, le pouvoir donné aux gens en place de dispenser aux artistes les travaux et les récompenses suivant leur jugement personnel, est la plus puissante et la plus active. Des honneurs, des emplois relatifs à l'enseignement, accordés à des hommes qui ne les méritent pas, un mauvais ouvrage payé par le gouvernement et proposé par lui à l'admiration publique, découragent le talent, égarent l'opinion, étouffent les lumières. Dans l'administration des affaires publiques, les magistrats sont les organes de la volonté de tous; mais, en fait d'arts, les droits du goût sont inaliénables. La

flatterie et l'erreur, en de tels jugemens,
se glissent avec d'autant plus de souplesse
au cœur du magistrat le plus modeste et
le plus éclairé, qu'il peut, quelquefois ne
pas les regarder comme dangereuses : et
les effets cependant sont de ravir au génie
l'indépendance, sans laquelle il ne peut rien
produire de grand ; au goût du public, la
liberté, sans laquelle sa rectitude naturelle
devient inutile.

Exposez donc à côté du meilleur ouvrage du professeur, et de celui de l'artiste
chargé d'un travail public important, les
meilleurs ouvrages de leurs émules. Sans
doute le plus habile ne sera pas seul professeur, ni chargé seul de tous les travaux ;
mais ce rapprochement garantira du moins
à la nation l'habileté de ceux qui seront
employés. Le concours pour les divers ouvrages n'est pas toujours possible ; cette
mesure même, quelqu'utile qu'elle soit,
arrête quelquefois l'émulation au lieu de
l'exciter. Établissez un concours perma-
nent ; donnez à l'opinion publique un tribunal où tous les artistes qui aspirent à

une grande réputation , soient forcés de paroître , et où elle exerce sur eux et sur leurs Mécènes une juste et redoutable critique. Sans cette institution, l'homme en place va devenir le dominateur du goût, le goût esclave va périr.

Pourquoi le règne de Louis xv, où l'on a tant dépensé pour les arts, où l'on a tant multiplié les tableaux , les statues et les édifices, a-t-il cependant produit si peu d'ouvrages remarquables? Comment est-il arrivé que, dans le siècle même des lumières, entourée des monumens des arts, la nation, après avoir senti les véritables beautés de Jean Goujon, du Poussin, de le Sueur, et de tant d'autres grands maîtres, leur ait préféré les formes pauvres ou exagérées , la fadeur ou la crudité, les grimaces, les contorsions et la rocaille de leurs successeurs? C'est que l'instruction publique étoit organisée de manière que les principes de tel ou tel homme, adoptés , répandus par l'intérêt ou la vanité , étouffoient le sentiment général. Quelques maîtres, doués d'un art facile et éblouis-

sant, ayant corrompu le goût de la cour,
devinrent les tyrans de celui des autres
artistes, et par là de celui du public. Leur
manière régnoit, il falloit les imiter ou res-
ter oisif, et leurs concurrens découragés
n'osoient pas leur arracher le sceptre ridi-
cule dont la faveur les avoit armés. De nos
jours même, au milieu de la restauration
des arts, parmi les vainqueurs de cette
manière impérieuse, n'avons-nous pas vu
l'assurance où étoient quelques artistes
d'avoir des travaux, et l'impossibilité où
étoient les autres d'en obtenir, refroidir
encore l'émulation de tous ? Le talent som-
meilloit quelquefois, parce que les efforts
n'étoient pas toujours nécessaires. Combien
d'artistes justement célèbres ont enseveli
dans la collection des Gobelins des ouvrages
peu dignes d'eux, qu'ils regardent eux-
mêmes aujourd'hui avec indifférence, et
qu'ils seroient fâchés de voir exposés dans
un plus grand jour !

Il existe sans doute entre le beau et nos
organes, je dis le beau considéré dans les
arts, comme celui de la nature, des rap-

ports indépendans de notre consentement;
mais ces rapports sont si souvent mécon-
nus, si facilement oubliés, qu'on en a même
contesté l'existence. A voir en effet le mouvement continuel de cette roue qu'agite la
mode, et qui, au milieu des applaudis-
semens et d'une joie toujours nouvelle,
amène, élève, emporte tour à tour, dans
les arts comme dans les habillemens, des
objets du caractère le plus opposé, ne
croiroit-on pas que la rencontre du beau, et
la préférence qu'il obtient quelquefois, ne
sont que l'effet du hasard, et que le public
n'a, comme on l'a dit, qu'un seul goût in-
variable, celui du changement? D'où vient
cette contradiction presque perpétuelle
entre les sensations et le goût, entre l'instinct et les jugemens d'un peuple éclairé,
si ce n'est de l'adhésion inconsidérée de la
multitude aux sentences de quelques domi-
nateurs?

C'est par sa convenance parfaite avec
nos vrais besoins et nos affections natu-
relles, que le beau nous émeut et se fait
adorer. C'est par la satisfaction dont il nous

remplit, que sa présence se manifeste. Nous
nous trouvons en harmonie avec lui, pour
ainsi dire, malgré nous, parce qu'il nous
présente, nous promet, ou du moins nous
rappelle les biens les plus propres à notre
bonheur; et plus il nous donne à la fois
d'idées agréables, plus il excite notre admiration et notre enthousiasme. Si notre
goût étoit toujours guidé par le sens intérieur, il seroit donc nécessairement in-
variable, tout comme, considéré dans sa
vérité, il est nécessairement bon ; car le
sens intérieur peut être foible, il ne peut
pas être faux. Mais quelles sont celles de nos
sensations les plus intimes où la minorité
ne se rende pas maîtresse, où la majorité
ne se laisse pas entraîner? Nos affections,
nos jugemens, notre repos, nos mœurs,
notre vertu, tout ne cède-t-il pas à cette
domination funeste? Ce sont des artistes
d'un goût aimable et pur qui t'ont donné,
femme digne de leur servir de modèle,
cette robe légère et complaisante, qui ne
te pare qu'en indiquant la beauté de tes
formes ; c'est l'avidité d'une marchande

qui va te la faire abandonner. Ah! songes-y
bien, tu ne seras pas moins belle, mais tu
le paroîtras moins.

Le besoin de trouver et d'admirer le
beau, joint au respect qu'il nous inspire,
contribue à nous asservir aux jugemens
d'autrui. La sensibilité n'étant pas toujours
assez exercée pour éprouver de fortes émotions, nous nous persuadons qu'il faut juger
par l'esprit plutôt que par le cœur. L'ins-
trument le plus infaillible de nos plaisirs
est celui dont nous nous méfions le plus.
L'instinct, indécis devant un ouvrage des
arts, appelle le secours du raisonnement.
Le goût s'est fait des lois et une théorie.
La faculté de sentir et de choisir est elle-
même devenue un art: De là, il faut en
convenir, cette foule de jouissances qui se
multiplient pour l'homme éclairé, à mesure
qu'il en découvre les causes; mais de là,
les systêmes, les préjugés, le faux savoir,
l'arrogance qui veut faire secte, et plus
communément la méfiance de soi-même,
qui n'a besoin que de lumières, et qui se
laisse dicter des arrêts. La critique nous est

rarement personnelle. Le goût acquis n'est
dans sa pureté que le goût naturel rendu
plus délicat par l'exercice et l'observation ;
il devient le mémorial des maximes d'un
maître. Nous cherchons loin de nous la
science du connoisseur, tandis que les principes en sont en nous-mêmes.

Si on descendoit dans le cœur de la foule
inconstante, qui tantôt admire un excellent ouvrage, et tantôt un mauvais, on
verroit qu'elle n'est pas affectée, dans les
deux circonstances, de la même manière.
Dans le premier cas, elle juge, elle s'émeut ;
dans le second, distraite, prévenue, elle
ne sent pas, elle ne juge pas, elle entend
et elle répète. Son idolâtrie même n'est pas
toujours le produit d'une véritable admiration. Le goût du public dans les arts
est de la même nature que ses autres affections, sensible, inflammable, essentiel-
lement droit et juste, mais inattentif, con-
fiant, paresseux, se laissant conduire, se
laissant égarer par l'opinion exagérée de
son insuffisance autant que par défaut de
réflexion.

L'état le plus heureux pour les arts, sous ce rapport, est donc celui où, pleinement à l'abri de toute domination, le goût naturel du public et le génie des artistes sont le mieux à portée de s'éclairer et de se respecter mutuellement; où l'un s'instruit et se perfectionne par la conscience de ses sensations et la comparaison de ses plaisirs; où il acquiert assez d'énergie et met assez de prix à ses jouissances, pour réclamer sans cesse ses justes droits; et où l'autre exerce sur son juge, par les chefs-d'œuvre qu'il lui présente, une influence modérée et salutaire, sans pouvoir ni en attaquer l'indépendance, ni en méconnoître l'autorité.

Jugez donc encore d'après ces idées les institutions que je propose. Voyez si, en soumettant d'abord les artistes à la critique jalouse de leurs pairs, en présence du public, devant qui on exposeroit les ouvrages des concurrens et ceux des juges; si, en mettant par là aux prises, devant ce dispensateur de la renommée, des antagonistes, tous obligés de mériter son suffrage, que, par l'effet de leur concurrence, ils ne pourroient plus dominer; si, en l'appelant ainsi, avec appareil, et à des époques connues et périodiques, à des fêtes, des jeux, des combats, dont il sentiroit bien qu'il seroit l'arbitre suprême, et où il seroit par conséquent attiré par la curiosité, la vanité, l'appas de la critique et la passion des partis; voyez, dis-je, si par ces moyens vous ne nous conduiriez pas à ce but, où il est indispensable d'arriver.

Qu'il nous soit enfin permis de répéter cette vérité, qui a servi de base à toutes nos réflexions; c'est qu'on se reposeroit en vain, pour le succès et sur-tout pour la durée des arts, sur les avantages que la nature, les lumières, les richesses et la politesse générales, peuvent leur assurer: tout est insuffisant ou inutile, si le législateur ne les favorise pas, et par des institutions particulières, et par l'esprit du gouvernement; s'il ne se sert pas des arts pour réchauffer et ennoblir les passions nécessaires à son système, et de ces mêmes passions pour diriger sur les arts l'attention générale.

Le climat, à qui on a fait tant d'honneur, donne à l'esprit le premier mouvement ; mais il n'en détermine ni la force ni la direction. La tranquillité intérieure des états, la paix extérieure, la liberté politique même, sont plutôt utiles aux arts par les institutions qu'elles facilitent et consolident, qu'elles ne leur sont directement nécessaires, puisqu'ils se perfectionnent au milieu des guerres les plus atroces, et vivent sous le sceptre des rois. Les secours que l'ostentation de quelques hommes riches leur donne, sont froids et peu certains, parce qu'ils dépendent des caprices du luxe et de la vanité. Les nombreux chefs-d'œuvre des arts, recueillis chez ses ennemis par un peuple victorieux, peuvent être pour lui un sujet d'orgueil plutôt que d'émulation. C'est ce qui arriva dans Rome, où la peinture et la sculpture, toujours étrangères au génie de la nation comme à celui du gouvernement, ne furent jamais que les arts de la Grèce *. Les lois avoient

---

* Tandis que la peinture et la sculpture étoient

tout fait pour les conquêtes, et peu pour
les jouissances de l'imagination. Les Ro-
mains méritèrent le reproche fait à Néron,
de chercher plutôt à entasser qu'à produire *. Que dis-je? la multiplicité même
des écoles sert-elle toujours à conserver et
à diriger les lumières? Dans quel temps
de l'antiquité y eut-il plus d'écoles que
sous les Antonins et plusieurs de leurs successeurs? Dans toutes les grandes villes,
des maîtres salariés avec magnificence en-
seignoient la rhétorique, la politique, toutes
les sciences et tous les arts; les rives du
Rhin et du Danube, dit un historien, re-
tentissoient des chants d'Homère et de Vir-
gile; et jamais la chûte du goût ne fut

---

abandonnées aux Grecs, l'architecture, au contraire, fut un art véritablement romain. Elle prit
de bonne heure à Rome un grand caractère, et le
conserva long-temps. Pourquoi? parce qu'elle
convenoit mieux au génie de ce peuple orgueil-
leux et dominateur.

* Winkelmann, *Hist. de l'art.* liv. 6, chap. 6,
n. 5.

4

aussi précipitée. C'est qu'il n'existoit plus d'émulation. Dans ces temps d'égoïsme et de crimes, où il étoit si facile d'acquérir de la puissance, et si difficile de conserver le bonheur, les esprits s'étoient divisés en deux classes opposées, dont l'une suivoit la route de l'ambition, et l'autre celle de la philosophie. Les passions productives étoient éteintes. L'homme le plus sage étoit celui qui se cachoit le mieux. On ne demandoit aux arts et aux lettres, aux leçons de Zénon et à celles d'Épicure, que des consolations. Marc-Aurèle brilla comme le soleil du soir; et ce fut au sein des études que commença la nuit atroce qui devoit couvrir le monde pendant dix siècles.

Mais faut-il réunir tant d'argumens en faveur d'un établissement dont peut-être on a déja reconnu la nécessité? Quand on a ordonné d'exposer à Versailles, dans des salles particulières, les ouvrages des peintres vivans, n'est-il pas à croire qu'on a eu des vues plus vastes, et qu'on médite des institutions indispensables?

Grands artistes, vous qui rivalisez les anciens, et vous qui aspirez à rivaliser vos maîtres, joignez-vous à moi. On peut demander des palmes, quand on appelle les combats où on veut les conquérir. Maîtres de l'école françoise, vous avez des rivaux à vaincre chez des peuples jaloux. Exposez aux yeux de l'Europe vos chefs-d'œuvre réunis, et qu'elle s'incline devant votre génie comme devant les lauriers de nos soldats.

De l'imprimerie de PLASSAN, rue du Cimetière André-des-Arcs, nº. 10.

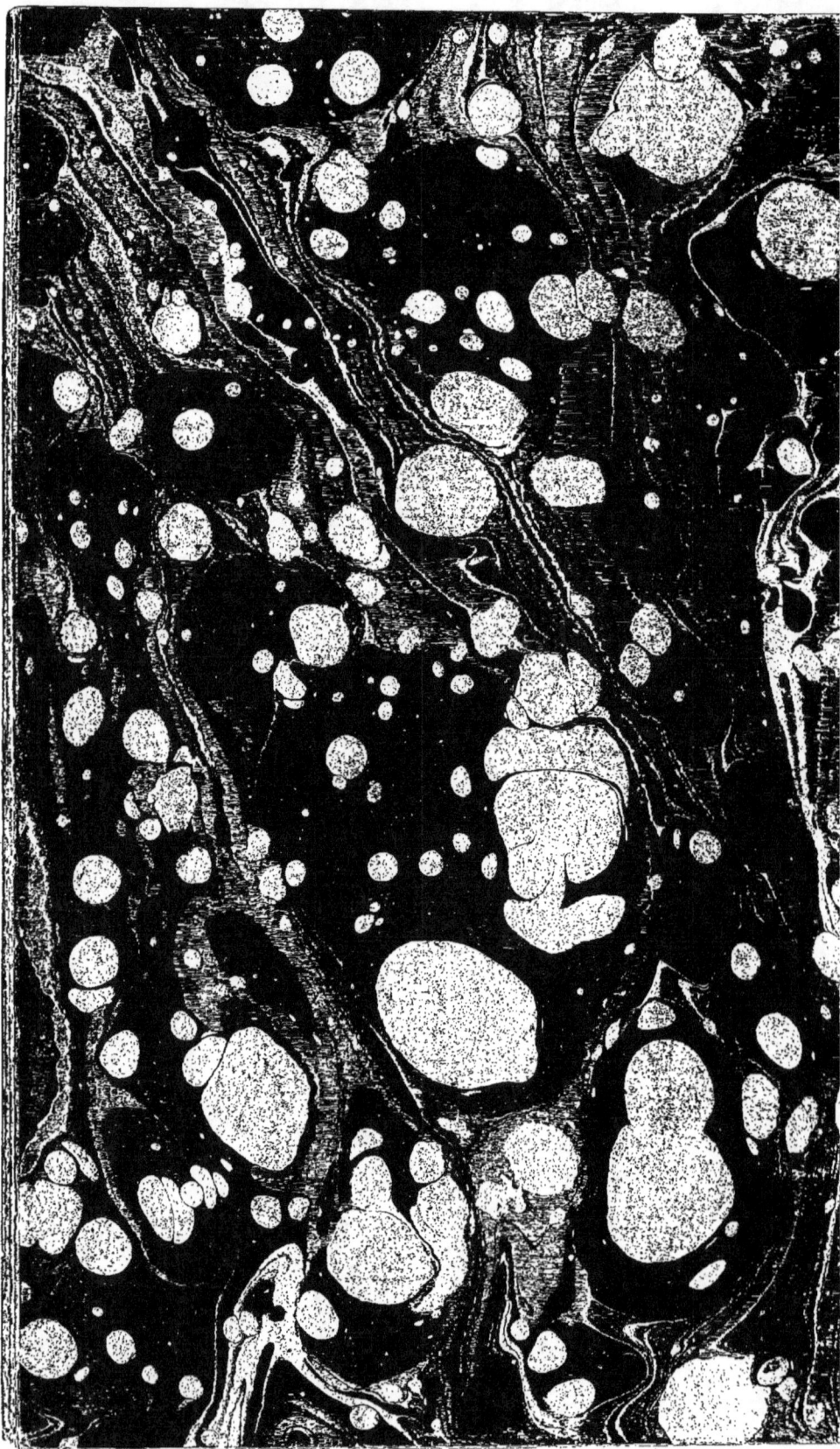

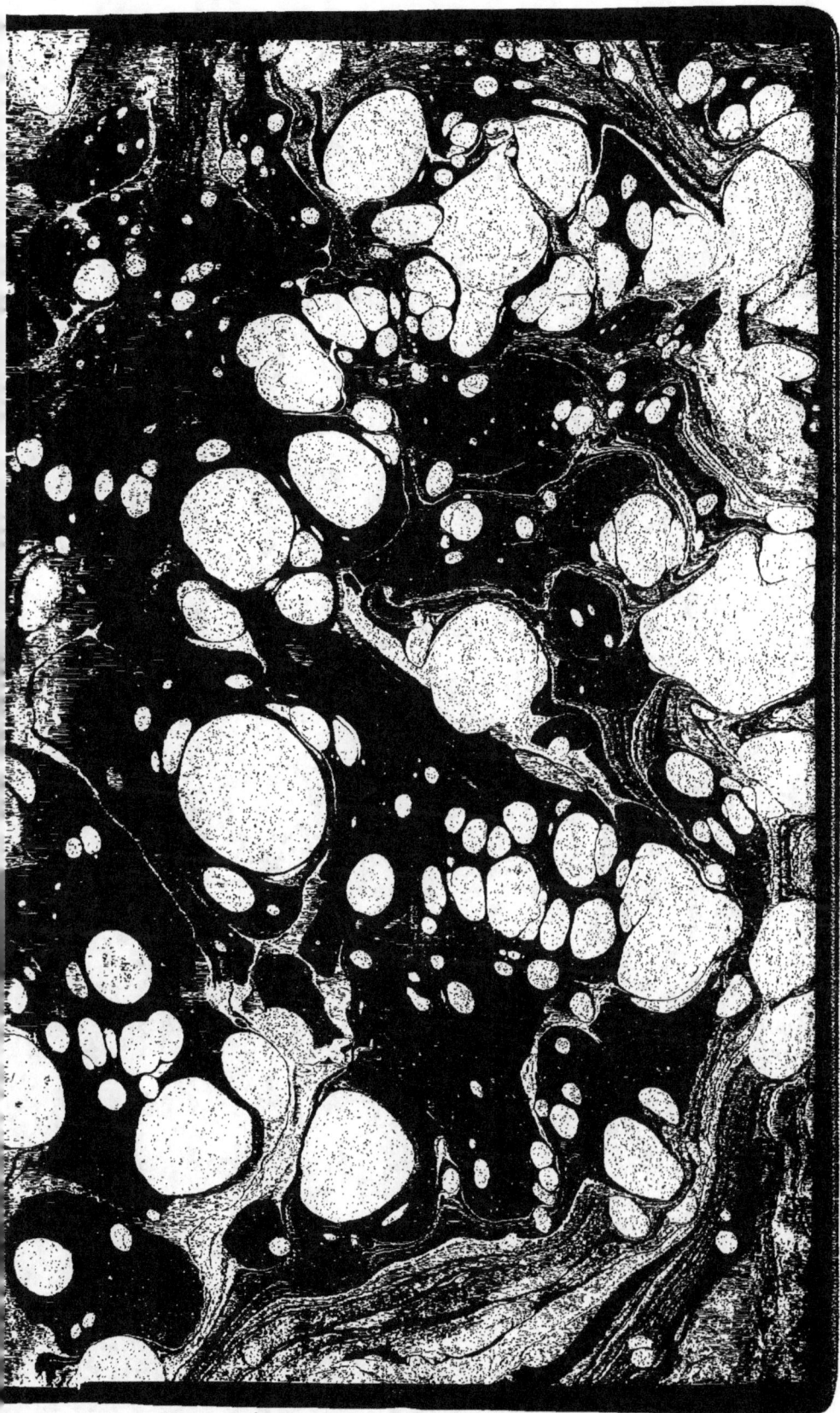

www.ingramcontent.com/pod-product-compliance
Lightning Source LLC
LaVergne TN
LVHW022030080426
835513LV00009B/952